AF260376

DUCHATEL BERTHÉLIN,

REPRÉSENTANT DU PEUPLE

DÉPUTÉ DU DÉPARTEMENT DE L'AUBE,
EN L'AN 4,

A SES CONCITOYENS

DU MÊME DÉPARTEMENT.

De l'imprimerie D'HACQUART, rue Gît-le-Cœur,
n°. 16.

GERMINAL AN VII.

AVANT-PROPOS.

Le Département de l'Aube m'ayant envoyé au Corps-législatif en l'an 4, j'ai cru devoir à mes concitoyens un tableau précis et rapide des principaux événemens qui ont précédés ma mission, et qui se sont succédés pendant cette session triennale.

Peu accoutumé, par le genre d'occupation auquel je m'étais livré, à parler à la tribune, j'ai pu constamment et plus particulièrement me livrer dans le sein des commissions aux travaux du Corps-législatif.

Cette espèce de compte que je rends est en grande partie ce que j'ai vu moi-même : ce qui précède le 5 brumaire an 4, est le récit fidel et exact que m'ont fait des observateurs impartiaux. Loin de moi toute

A

prétention : j'ai tracé ce que je savais, ce que j'avais vu, ce que j'avais observé. Je ne me suis pas littéralement astreint à l'ordre chronologique. . . . L'abondance de matière a souvent précipité ma plume, je l'arrêtais alors, et la ponctuation de ce compte le prouvera suffisamment.

DUCHATEL-BERTHELIN,

REPRÉSENTANT DU PEUPLE,

DÉPUTÉ DU DÉPARTEMENT DE L'AUBE, EN L'AN 4,

A SES CONCITOYENS

DU MÊME DÉPARTEMENT.

I L venait d'être proclamé ce code, d'où le peuple français attendait son bonheur, sa gloire et la paix. La Convention nationale qui l'avait créé au milieu des tourmentes révolutionnaires, assurait à la France une Constitution sage et donnait en même tems la preuve la plus complète de sa modération, preuve qui confondra dans la postérité le reproche injuste que lui font ses ennemis et ses détracteurs d'avoir voulu se perpétuer, et prolonger le pouvoir que la force des choses, la nécessité lui avaient imposé.

Tandis que toutes les autorités constituées ne devaient être renouvelées que par cinquième, elle avait voulu se restreindre au renouvellement par tiers; elle avait vu, elle avait senti que l'Assemblée constituante avait failli précipiter la France dans un abîme de malheurs, en s'imposant la loi sévère d'être exclue de la nomination au Corps législatif; et malgré le besoin du repos, malgré ses précédens et immenses travaux, elle ne voulut point laisser à des mains neuves le soin de consolider un ouvrage qui n'était pas le leur : elle savait qu'un édifice n'est jamais achevé par des successeurs ; elle connoissait le nombre de ses ennemis ; elle prévoyait leurs tentatives, leurs ruses cent fois déjouées, cent fois renouvelées, leurs intrigues toujours découvertes et sans cesse renouées : enfin, que dirais-je ? elle voulait mettre la dernière main à ce qu'elle avait solidement basé pour arriver à son but le plus cher, la félicité de la patrie.

Cette mémorable Assemblée déjà jugée, et qui le sera mieux encore par la postérité, est un prodige de ce siècle.

Convoquée au moment de la monarchie expirante et dans le berceau de l'anarchie qui prélude, accompagne et suit les révolutions, comme des milliers d'insectes remplissent l'air à la suite des orages, composée d'élémens ardens et souvent héterogènes, elle eut à combattre en même tems tous les partis, toutes les factions ; elle eut à se combattre elle même....

Dès le premier jour de sa session *elle proclame la République !* à ce mot, comme par un mouvement universel, la France entière reste muette d'étonnement ; le patriotisme cependant embrase tous les cœurs ; un nouvel esprit se forme et la France royale est bientôt la France républicaine. Que ne devait-on pas attendre d'un pareil enthousiasme : mais aussi que ne devait - on pas craindre des éternels ennemis de la liberté ?

La Convention voyait l'ennemi dans les plaines de la Champagne ; le camp de Famars n'était plus un rempart sur les frontières ; un traître ambitieux (1) avait voulu livrer sa patrie au fer de l'ennemi, et était passé dans les rangs de l'Autrichien.

La crainte et la faiblesse, toujours cruelles,

______

(1) Dumouriez.

organisèrent des jours de deuil et de sang dans toute la France ; l'ambition, le desir de dominer, l'amour de l'or, tous les vices enfin se décoraient du nom et de la livrée du patriotisme.

Les finances dans un pareil état de choses ne présentaient plus qu'un vaste abîme où le plus hardi puisait pour lui et pour ses créatures.

Dans le même tems se forme cette désastreuse guerre de la Vendée, qui bientôt se propage, s'étend et finit par enflammer presque tous les départemens de l'Ouest.

Les véritables républicains, ceux dont les mains, le génie, le patriotisme avaient ébranlé le trône, sont prêts à succomber.... Ils succombent sous le fer des factieux qui siégeaient dans cette assemblée......... Toutes les passions s'y animent; c'est un volcan qui s'embrase, et la lave qui en découle va choisir pour victimes ceux qui avaient voulu le fermer. Que dis-je? on est prêt à croire que la Convention est le foyer de toutes les fureurs, tandis qu'obsédée par toutes les factions, elle est elle-même prête à être engloutie.

Elle fait face partout aux orages ; la désolante anarchie veut en vain porter les Français à tous les désordres ; d'un coup elle propage un mouvement universel, elle renverse les autels, allume une guerre impie et sanglante dans nos plus belles contrées ; ce mouvement combiné par la scélératesse avec la sombre et sanguinaire terreur, suffirait seul pour déchirer les entrailles de la mère commune. L'anarchie ajoute encore à tant de fléaux ; elle sème la division dans nos armées ; les généraux victorieux sont suspects et coupables ; les subsistances, les armes, les munitions sont refusées à nos défenseurs, nos frontières sont sans défense, nos soldats sans habits ; nos villes ne présentent que la crainte et la stupeur. Les monumens des arts sont mutilés ; les sciences rougissent et pleurent des forfaits d'une nuée de vandales ; les chefs-d'œuvre de la sculpture sont brisés ; ceux de la peinture sont presque traînés dans la boue..... Les tombeaux même lui offrent encore une proie à saisir.....

La Convention, c'est-à-dire, la majorité courageuse de cette assemblée, peut être étonnée, mais non effrayée de ce spectacle ; se ployant aux circonstances, elle fait un code de loix pour diriger ce mouvement.

révolutionnaire ; ses membres sont bientôt répandus sur la surface de la République, près les armées, dans les citadelles, sur les remparts, et au milieu des ateliers ; tous les arsenaux se remplissent ; les armes se forgent de toutes parts ; des milliers de défenseurs sont appelés et se rendent à la voix de la patrie : bientôt ils cueillent quelques lauriers, présages de ceux qu'ils doivent cueillir un jour en Belgique, en Hollande, sur le Rhin et sur les Alpes.

Le nouveau monde est affranchi ; la liberté des nègres est proclamée dès le 16 pluviôse de l'an 2, et la Convention annonce ainsi à la postérité qu'elle savait mieux créer encore que l'on ne savait en son nom détruire :

Une famine factice se fait sentir....

La France entière imite sa longue patience, et apprend à souffrir la faim et les privations les plus pénibles.

De nouveaux orages s'élèvent dans son sein.... Depuis long-tems un sombre ambitieux visait au despotisme civil et religieux ; le sang innocent coulait en son nom sur tous les échafauds. Ce scélérat (1) hypocrite

____

(1) Robespierre.

succombe lui-même sous les coups qu'il voulait porter ; il tombe ; et avec lui quelques
complices, et une municipalité entière (1) ,
qui par son influence, dirigeait et voulait
diriger toute la République.

Dès - lors, les échafauds sont brisés : le
neuf thermidor a lui, et déjà semblent disparaître les partisans de cette dévorante
anarchie qui, bientôt effrayée plus qu'anéan-
tie, voudra long-tems relever sa tête audacieuse ; c'est l'hydre à cent têtes, que la
Constitution promise pourra seule terrasser,
et contre laquelle , en vain , il viendra
porter de nouveaux coups.

Bientôt une autre faction veut s'emparer
de l'esprit public, et c'est un nouvel ennemi qui, moins terrible en apparence , puisqu'il porte le mot de clémence sur les lèvres
et l'étendard de la justice pour bannière , ne
sera pas moins redoutable à la Convention.

C'est enfin après mille orages sans cesse
renaissans et toujours conjurés, que cette
Assemblée créé, projette, enfante et discute
la célèbre Constitution de l'an 3, qui va

---

(1) Paris.

devenir le boulevard de la liberté, le palladium de la République, et qui mettra fin, ou qui devra comprimer tant de maux.

La Convention avait été obligée de concentrer dans son sein tous les pouvoirs, le militaire, le législatif, le judiciaire, l'exécutif; tous les maux qui inondaient la France, ce débordement de tous les vices, qu'aucune digue ne pouvait plus retenir, lui en avaient imposé l'inexorable nécessité. Mais elle en avait ressenti tout l'abus; elle en avait vu faire dans son sein la triste expérience ; elle sentait que malheur au pays dans lequel le législateur peut faire des lois pour les exécuter, et les exécuter pour les multiplier.

La sage majorité entraînée souvent par la rigueur des temps, le malheur des circonstances, la rage de ses ennemis, voulut en vain s'opposer à des loix sur lesquelles elle gémissait; mais la mort qui planait sur sa tête, mais les attentats dont elle voyait de jour en jour se renouveler les victimes, abattit ce courage qui dormit quelquefois, mais ne l'abandonna jamais.

Ce n'est pas qu'ici je veuille jeter un voile sur ses fautes ; ma plume fidèle se refuserait à un éloge que repousserait la vérité.... Mais je vous en atteste, ô vous qui m'entendez, pour être sénateur, en est-on moins homme ? L'humanité et ses faiblesses ne sont-elles par l'apanage des héros mêmes? Et lorsque la postérité tracera d'une main impartiale et avec sa plume d'acier, l'histoire de ces tems malheureux, elle dira que, peut-être jamais, on n'eût dû espérer d'aussi heureux résultats des opérations d'une Assemblée dont la convocation, la composition et les travaux ne s'étaient formés qu'au sein des orages, de l'anarchie et de la terreur la plus sombre et la plus sanguinaire.

Cette Constitution de l'an 3, devait être soumise à l'acceptation du peuple français.... Quelques loix organiques devaient la précéder : celle des 5 et 13 fructidor an 3 sont rendues ; ses ennemis l'attendaient là ; les piéges sont dressés ; les embûches tendues...... l'envie agite ses serpens, la discorde allume ses torches.... De toutes parts, on lui reproche de vouloir se perpétuer; on oublie en un instant ses bienfaits, ses triomphes, ses prodiges ; on ne voit plus que ses fautes, non pour les pallier, mais pour les grossir.... On lui fait un crime de ses faiblesses, comme si ses successeurs ne devaient jamais en ressentir les atteintes ; on veut enfin la calomnier pour la perdre, et la perdre, pour détruire les fondateurs de la république, les pères de cette Constitution, et s'asseoir dans la chaise curule. L'ambition aiguise les traits de la calomnie ; la crainte des maux passés dont on les accuse, et dont ils furent les premiers frappés, se ranime dans les cœurs ; sous le prétexte d'une perspective plus flatteuse, la séduisante espérance fait entrevoir au plus grand nombre une aurore bienfaisante, suivie de jours sereins, si de nouvelles mains sont appelées à achever la mise en activité de ce code.... Tous les partis sont aux prises ; tous les vices se réveillent ; chacun veut embrasser cette Constitution.... Chacun veut en être le gardien...... Le républicain, le bon citoyen, la vertu obscure gémit ; la Convention est encore exposée aux attentats des passions, et elle va bientôt être obligée d'avoir à se défendre et à combattre contre ses concitoyens abusés ou criminels, égarés ou opiniâtres, malheureux ou rebelles.

Enfin le voile se déchire, et du sein de quelques sections de Paris, se font entendre les premiers cris de la révolte. Par un délire qui ne serait qu'étonnant si l'on ne pensait combien après une tourmente aussi pénible et aussi longue, le calme n'est qu'apparent et souvent trompeur ; par un délire inconcevable, par un aveuglement aussi *inconcevable que sa source* , on vit en un instant ce foyer du patriotisme, cette ville immense oublier tout ce qu'elle avait fait pour la révolution, et les sacrifices que la Convention avait fait pour elle aux dépens de toute la République. Je ne veux pas accuser ici les citoyens de Paris....... Cette erreur qui leur coûta tant de larmes, ne fut que celle de leurs plus sanglans et éternels ennemis. Ils ont été abusés, séduits, trompés.... Ils les ont enveloppés dans leurs filets. Les parisiens ont appris encore à se défier des scélérats dont les lèvres distillent la douceur et la persuasion, et dont les cœurs ne méditent que perfidie , lâcheté et trahison.

Les factieux ne se bornent pas à des menaces, à des discours, à des libelles. Le tocsin du 13 vendémiaire se fait entendre. La Convention se voit presque bloquée ; le gouvernement qui avait fait triompher nos phalanges, disparaître la terreur et ses affreux partisans, et qui avait ébranlé

les trônes du Midi, dispersé les hordes
d'émigrés, qui faisait enfin trembler toute
l'Europe, se voit presque obligé de trembler pour lui-même ; il en appelle au seul
courage de la Convention.... Il se ranime :
fort de son énergie, il saisit les rênes du
pouvoir, et se dispose à repousser la force
par la force.... Ne soulevons point le voile
qui doit cacher un jour de deuil et de douleur.... Ce jour sur lequel nous avons gémi
de concert, ce jour qui dévoila tant de
forfaits, ce jour qui vit couler tant de
sang.... J'en détourne les yeux.... Ce jour
fut le triomphe de la Constitution par la
Constitution même. Perfides scélérats qui
l'avez fait naître, ne deviez-vous pas vous
contenter de flétrir de votre souffle les
fleurs dont ce Sénat voulait entourer le
berceau de la République ? Vous avez
obligé les pères de la patrie à frapper ceux
de ses enfans qui, ne pouvant les mécon-
naître, oubliaient assez leur bienfaits pour
les tourner contre eux ! Vous les avez obli-
gés à déployer ce terrible pouvoir dont ils
étaient investis, pour ramener ceux que
vous aviez si cruellement trompés ; plus lâches encore que scélérats, vous avez livré ces

victimes de l'erreur à la vengeance des loix ; et vous, dans l'obscurité de votre retraite, vous souriez encore, comme autrefois, aux malheurs de votre patrie ? Et vous en accusez la Convention nationale ? Fallait-il qu'elle se laissât frapper par les poignards que vous aviez aiguisés ? Fallait-il qu'elle ne proclamât point l'acceptation unanime de la Constitution ? Fallait-il que pour une poignée de rebelles, elle retardât le bonheur de 25 millions de Français ? Fallait-il qu'infidelle à ses vœux, et trahissant à-la-fois la probité, la conscience, elle les laissât de nouveau s'engloutir dans un abyme de maux ? La Convention a triomphé la Constitution à la main, et ce triomphe est aujourd'hui notre bonheur.... Ce jour nous fit verser alors des larmes..... Mais combien il nous en épargna d'amères, qui, peut-être ne seraient point encore séchées ?

Vous avez partagé cette douleur, ô mes Concitoyens du département de l'Aube.... Et malgré les calomnies *de vos actifs et dangereux ennemis*, qu'un génie protecteur a heureusement paralysés, notre contrée ne fut point déchirée de ces mouvemens. Le patriotisme qui vous animait ne fut point, à cette époque, égaré par les accens de la fureur.... Votre tranquillité, votre soumission inaltérable aux lois du gouvernement vous ont préservés de ces fléaux inséparables de l'ambition, de l'intrigue et de toute espèce d'anarchie. On ne vous a point vu vous livrer à ces affreuses réactions, qui font de tout un pays un tableau déchirant d'assassinats. Vous avez souffert et pardonné; vous avez sacrifié votre ressentiment à la félicité publique, et votre tranquillité en est la récompense. Heureux si ces attraits et cet exemple pouvaient encore aujourd'hui ramener nos frères de quelques départemens du Midi et de l'Ouest, à de pareils sentimens; la paix y ferait refleurir le commerce et les arts, et toute la France sourirait à ce tableau. C'est dans vos plaines paisibles qu'est assuré le règne de notre Constitution; et mes faibles mains, à qui vous en avez confié le dépôt, ont trouvé dans votre soumission la force nécessaire pour assurer son triomphe. Mon cœur bien préparé au milieu de vous, a puisé dans les vôtres cet amour de la patrie qui

vous

vous caractérise, et qui fait encore aujour-
d'hui votre gloire et votre bonheur.

TEL était, CITOYENS, l'Etat politique
de la France, lorsque, triomphante par
elle-même la Constitution vous appela à
composer le nouveau Corps législatif. Vous
m'avez choisi au milieu de vous, et vous
avez bien voulu me croire digne d'étayer ce
grand ouvrage du bonheur public, et m'a-
vez investi de votre confiance... En en sen-
tant tout le prix, je ne dissimulai point la
pesanteur du fardeau que vous m'imposiez,
et l'étendue des obligations que je contrac-
tais. Ce qui s'était passé depuis six ans, la
profondeur des connaissances que devait
avoir un Législateur, son courage, sa fermeté inébranlable, toutes ces qualités se
présentaient à mes yeux, et devaient me
faire hésiter.... Mais j'obéis à votre mandat,
et je jurai d'y être fidèle. Ce serment intérieur fut sans cesse présent à ma pensée,
et me servit constamment de guide dans les
temps difficiles que je prévoyais, et que j'ai
parcourus.

Il ne faut pas croire qu'un ennemi n'est
plus à craindre parce qu'il est abattu ; la
rage lui tient lieu de résolution quand il est

B

débusqué de tous ses postes ; l'intrigant prépare et invente de nouveaux ressorts , lorsque les premiers sont ruinés ; le séditieux , pour être réprimé , n'en est pas moins un ennemi secret , jusqu'à ce qu'il puisse l'être à découvert ; le factieux , dont les complices sont anéantis , sait en retrouver de nouveaux : l'ambition veille avec le crime , et fait servir les leçons même de l'expérience à ses oupables fins.

Je craignais leurs sinistres projets ; mais l'amour de la liberté , de ma patrie , de mon pays m'animait , et cette voix intérieure de la conscience et de la loyauté ne cessait de me faire entendre ses accens.

Tels furent mes sentimens , lorsque j'acceptai cette honorable mission ; tels furent , j'ose le dire , ceux de mes collègues qui eurent le même honneur. La Patrie nous appelait à un poste difficile , hérissé d'épines ; rien ne nous a arrêtés. Vous avez été témoins de la promptitude avec laquelle toute la députation se rendit à son poste. Quelques jours leur suffirent pour y arriver ; l'intérêt , les affaires , les nœuds les plus puissans de l'amitié , les liens les plus respectables cédèrent à leur empressement.

Ils arrivent, ils voyent les débris d'un camp.... ; ils semblent encore entendre les bruits du combat qui venait de cesser.

Étranger à tout ce qui avait précédé ces scènes d'horreur, et cependant ayant sous les yeux, et voyant encore fumante l'artillerie qui avait attaqué, et les dégradations multipliées qu'elle avait causées, je n'ai pu m'en rapporter à moi-même ; j'ai dû consulter la vérité ; je me rangeai dans la ligne des véritables patriotes ; mon mandat, mes sermens me pénétrèrent de l'urgente nécessité de me rallier aux amis de la République et à ses défenseurs.

Le Peuple français avait parlé, sa voix n'était pas équivoque.... Il ne voulait plus de marche rétrograde.... Fatigué d'une longue révolution, qui avait amené après elle, et malgré le vœu de la saine majorité, tant de fléaux, tant de malheurs, préparé la ruine de tant de fortunes, creusé tant d'abîmes ; le Peuple voulait jouir du repos que lui présageait la Constitution. J'avais entendu dans mon département, ce vœu ; j'avais vu que ce code allait cicatriser bien des plaies, arrêter seul le débordement des vices, rendre aux Français cette félicité que lui assure la nature, par un climat doux, un sol fertile, une industrie sans borne, le génie même de ses habitans; j'avais vu que tout ce qui s'éloignerait de cette charte, nous rapprocherait du malheur....? M'en fallait-il davantage, à moi qui ne voyais encore dans ma mission que le mandat, que le vœu de mes commettans, à remplir scrupuleusement....? Mon cœur déjà d'accord avec ma conscience, avait prononcée...., mais j'avais besoin de lumières.

J'ai senti combien il m'importait de trouver dans les vétérans de la révolution, ces avis salutaires, ces connoissances qui pourraient me servir de fil dans ce qui devait être pour moi un labyrinthe dès le commencement. Semblable au voyageur, qui, jeté sur une mer inconnue, n'en connaît ni les courans ni les rochers, consulte sans cesse la boussole, pour ne pas être poussé malgré lui sur des côtes étrangères ; je consultai par inclination, comme par choix, l'homme estimable, le représentant du peuple distingué par ses vertus sociales comme par son amour pour la patrie ; celui qui, revêtu du pouvoir de la Convention, était venu sécher les larmes de ceux que la terreur avoit proscrits dans notre département, et avait fait en même temps marcher de front la clémence et la justice, pour apprendre à aimer la République à ceux que des tyrans subalternes forçaient presque de la haïr malgré eux. A ces traits, mes Concitoyens, vous reconnaissez le représentant que j'indique, et je ne pouvais prendre de meilleur guide, pour me diriger dans la nouvelle carrière où m'avaient porté vos honorables suffrages.

A l'ombre de son amitié que relevait encore un amour inébranlable pour sa patrie, je n'hésitai plus, avec mes collègues, de siéger dans le Sénat, mais bien décidé à suivre les conseils d'un homme qui, depuis long-tems avait conquis mon estime, la leur et la vôtre.

Dès les premiers pas dans cette carrière, vous le savez, il fallut organiser tous les premiers pouvoirs de la République.

Une longue expérience nous avait appris que, dans une révolution, les réputations sont plutôt le fruit de l'enthousiasme qu'un hommage au mérite ; que le mérite n'est pas toujours la vertu ; que la vertu seule, elle-même, n'est pas exempte des faiblesses de l'humanité, et que, par cela même, elle n'a pas toujours le caractère nécessaire pour tenir les rênes d'un grand Etat... Prenez-garde, Citoyens, je ne veux pas dire que la vertu ne peut être appelée au timon des affaires.... non, loin de moi cet affreux et immoral paradoxe ! Mais je dis que la vertu seule, dénuée de ce courage qui sied aux grands hommes, et leur fait entreprendre et exécuter les plus profondes conceptions, est inhabile à diriger une République naissante. Il faut, pour ce grand œuvre, des mains exercées, des ames fermes et fortes, des magistrats tout à-la-fois vertueux et jaloux de la gloire de leur pays ; il faut qu'ils soient inaltérables dans leur affection, et sur-tout fidèles aux devoirs qu'ils contractent.

Toutes ces qualités ne m'échappaient pas..... Mais il fallait les trouver ces hommes..... L'ambition en proclamait, les partis se croisaient, les factions s'agitaient; enfin l'urne reçoit les suffrages secrets et *le Directoire de la République française* est organisé.

Ce choix fut sanctionné par le tems,

(23)

ce juste régulateur des opinions et qui
les fait mûrir malgré tous les cris des
êtres rampans , obscurs ou ambitieux. Oui ,
ce Directoire a justifié toutes nos espérances
et les vôtres. Sentinelle vigilante , il a signalé ,
vaincu toutes les phalanges ennemies au
déhors , et reculé les bornes de la France ;
au dedans il a su , d'une main vigoureuse ,
arrêter ces cruelles réactions qui déchiraient
les entrailles de la patrie : à sa voix cessa la
désastreuse guerre de la Vendée. . . . . . Ici ,
mes Concitoyens , vous ne m'accuserez pas
d'une basse flatterie ni d'une vile flagor-
nerie. Un républicain n'encense pas les
hommes ; je ne vois dans le Directoire que
le Gouvernement sage et triomphateur ; le
Gouvernement qui dicte des loix à l'Europe
entière et fait respecter celles de vos Législateurs ; un Gouvernement qui fait trembler
tous ses ennemis , abat tous les partis ,
écrase toutes les factions ; un Gouvernement enfin qui veut faire honorer l'étendard
tricolor, en même-temps qu'il veut procurer à la République la paix et la félicité :
voilà ce qui justifie notre choix , le premier
ouvrage qui nous était confié. Il nous était
réservé ce choix, et je puis me féliciter d'y

avoir concouru , puisqu'il a commencé à nous donner l'espoir du bonheur.

Mais ce choix important devait être suivi d'un autre qui ne l'était pas moins ; le Directoire ne pouvait seul suffire à régler les nombreux rouages de cette vaste machine ; des bras dignes de lui devaient le seconder : la Constitution avait presque fixé le nombre *des Ministres* ; mais il était nécessaire d'en classer les attributions et d'y porter des hommes dont le patriotisme devait, sinon l'emporter , au moins égaler celui de la première autorité. Je ne vous rappellerai point ceux qui furent appelés à cette honorable mission : ce qu'ils ont fait, ce qu'ils ont exécuté est encore présent à vos yeux , et je pourrai, dans le cours de ce précis, vous démontrer le bien que vous en avez ressenti, au nom et d'après le vœu de la Constitution ; mais rappelez-vous un instant combien était nécessaire cette division d'administration ; nécessaire , dis - je , pour le bonheur public et particulier. Ici je n'entrerai pas dans la discussion des principes qu'ont de tout temps et si bien établis les plus grands publicistes : l'expérience , maître encore plus sûr , vient à l'appui de leurs dogmes politiques.

La Convention nationale, nous l'avons dit, avait été forcée de réunir dans son sein tous les pouvoirs : la Convention cessait; chaque comité établi par elle avait presque la souveraineté dans sa partie. Ce pouvoir tombait aux pieds de la Constitution et disparaissait : dès-lors quelle confusion ne devait pas exister ? Quel chaos restait à débrouiller ? Les lois devaient être mieux fondues, préparées et présentées à la discussion; la partie administrative, judiciaire et exécutive devait être renvoyée aux pouvoirs établis par la charte constitutionnelle : les lois seules devaient occuper le Sénat; les Ministres seconder le Directoire, être les sentinelles avancées, les rayons qui conduisaient au centre ; en un mot, la balance des pouvoirs devait entretenir cet heureux équilibre, cette harmonie qui faisaient concourir tout au même but. Tel fut le travail du Corps législatif.

Un autre soin l'appelait encore : ce soin, d'où dépend la victoire au dehors ; la tranquillité, le bonheur public et particulier au dedans. Je veux parler de la fortune publique, si essentiellement liée à la fortune particulière.

Les Finances avaient été une des causes de la révolution. Leur déprédation, sous la monarchie, avait creusé un abîme qui avait effrayé la cour : pour le combler, elle appela la nation ; et les biens du clergé furent affectés à rétablir cette partie si intéressante dans l'administration politique. Une foire immense fut bientôt ouverte sur tous les points de l'État ; tous les citoyens y furent appelés ; des assignats, hypothéqués sur un gage aussi certain, furent émis avec ordre et circonspection ; ils furent reçus avec enthousiasme : heureux si la loi qui les avait créés eût pu, en même-tems, avoir assez de force pour arrêter par la suite de nouvelles créations. Bientôt les éternels ennemis de la révolution s'emparent de ce moyen de la discréditer de plus en plus ; ils commencent par avilir ce signe représentatif ; l'émigration des plus opulens particuliers emmène en même-tems une grande partie du numéraire.... Déjà l'assignat n'a plus la même valeur.... Bientôt la révolution s'avance à grands pas : la monarchie s'écroule sous elle-même ; nouvelle tourmente : la République est proclamée ; nouvelle lutte ; nouveaux besoins ; l'étranger, la coalition de Pilnitz conjure notre perte ; l'anarchie, la terreur, planent sur notre France, l'assignat se moule à volonté sous les presses ; il fournit à toutes les dépenses ; il remplit tous les besoins ; mais aussi cruel que l'or, il est la proie comme la solde de tous les crimes... Des émissions successives, forcées par des circonstances toujours impérieuses, le déprécient en proportion, et bientôt avili, il devient l'ennemi le plus redoutable de toutes les fortunes : en vain plusieurs représentans élèvent leur voix, en vain ils tonnent ; cet abîme devient sans fond ; les deniers disparaissent, et ne circulent plus ; l'avide agiotage entoure, obstrue tous les canaux..... De nouveaux assignats sont encore émis pour obvier à tant de maux qu'ils ne font qu'accroître... Pour assurer leur valeur, on avait créé un *maximum*, qui fut le coup le plus sûr porté à la liberté et à l'étendue du commerce. On avait rendu des décrets de mort contre qui ne les recevrait pas au pair.... L'opinion, cette reine du monde, avait prononcé : la justice sévère, la raison froide, le calcul de l'intérêt, tout enfin le proscrivait.... Les contributions devenaient nulles pour la République, qui à son tour recevait plus cruellement la secousse qu'elle donnait aux citoyens : le rentier, le pensionnaire, le défenseur de la Patrie, les fonctionnaires publics, tombaient dans le dénuement ; toutes les fortunes croulaient à la fois ; la religion des contrats était profanée, la loyauté flétrie, la probité exilée.... Et ces assignats qui, émis modérément, où restreints à leur première émission, eussent été le bonheur de la France, desséchaient non-seulement les canaux de la félicité publique, mais encore ajoutèrent à son malheur.

N'en doutez pas cependant, mes Concitoyens, l'assignat fut le soutien de la liberté ; et quels que soient les malheurs qu'il a causés, c'est à lui seul que nous la devons et à notre courage. Le tableau effrayant des ravages qu'il faisait nous avait tous affligés dans nos départemens. Le Corps législatif n'eut bientôt rien plus à cœur que de tâcher de les arrêter. Ce fut son vœu le plus sacré, et il ne cessa de s'en occuper.

Il ne pouvait sur-le-champ couper le mal par la racine, il fallait s'y préparer ; déjà les rentiers, les pensionnaires, reçoivent une sensible augmentation. Ensuite une loi politique, et qui alors sembla attenter à la propriété, tandis qu'elle ne faisait que l'assurer en diminuant la masse du papier, exigea un emprunt de 600 millions, auquel s'attacha encore la malveillance, soit par le mode d'exécution, soit par celui de *répartition*.

Le succès ne couronna pas l'attente des législateurs. D'une part, il fallait extirper le vice radical qui minait la force de l'État ; de l'autre, il fallait activer la vente des domaines nationaux qui était tombée dans une inertie étonnante ; là, il fallait rendre la vie au trésor public, en y ramenant des valeurs réelles : sur les frontières, au-dehors, il fallait à la guerre ce nerf nécessaire pour la faire avec assurance, et fixer la victoire : vos Législateurs crurent voir dans les mandats créés le 28 ventose, une ressource assurée, et par une preuve de leur amour du bien de la société, ils pensèrent à améliorer le systême financier, en faisant rembourser les assignats par les mandats.

La perfidie, la cupidité, l'agiotage persévérant dans leur systême, tournèrent bientôt ces nouvelles mesures à leur profit. On vit encore, en ce moment, ce que déjà cent fois on avait vu dans la révolution, les êtres les plus vils, les Caméléons, prendre, sous le masque du patriotisme, les voies les plus obscures pour flétrir toutes les institutions financières, et rendre ainsi les meilleures volontés presque nuisibles.

Dès lors les biens nationaux, cette ressource précieuse du Gouvernement, faillit être la source de son apauvrissement. Mais le Corps législatif pouvait à peine suffire à guérir les maux que suscitaient aux finances tous les vices ensemble. Une loi ordonna que le quart des soumissions serait payé en numéraire. Dès-lors le trésor public reçut quelques rentrées plus certaines; le Gouvernement fut plus assuré de trouver les moyens nécessaires de pourvoir à tous les besoins des armées. Les différens Ministères eurent des crédits ouverts, et bientôt on entrevit l'aurore d'un plus beau jour pour la fortune publique, dont quelques mois plus tôt on aurait pu désespérer..... Que dis-je, désespérer? Non, sans doute, le génie, le courage, le dévouement français étaient là, et jamais les représentans de cette nation ne pensèrent à désespérer de ses ressources et de ses vertus.

Mais il ne suffisait pas d'avoir organisé *le Ministère des finances*. La Constitution avait ordonné une grande administration pour subvenir aux recettes, aux dépenses, au crédit de la nation entière ; une administration chargée des soins du grand livre, de la consolidation de la dette publique, de la liquidation des rentes viagères, de leur paiement et de celui des pensions ; une administration enfin qui fût centrale pour toute la République, où fussent versés toutes les contributions, les revenus, toutes les recettes ; comme de son sein devoient sortir toutes les dépenses possibles et tous les paiemens : mais il fallait y appeler des commissaires dont les lumières et l'intégrité pussent présenter une garantie solide, dont la fermeté et l'énergie puisassent, dans des lois organiques, le courage nécéssaire! Cette partie soumise à la surveillance du Corps législatif, ne cessa d'occuper ses soins, et *la Trésorerie nationale* dégagée du chaos du systême révolutionnaire, affermie par des lois sages, est un des établissemens les plus précieux et les plus intéressans, où une heureuse harmonie et une bonne administration entretiennent l'équi-libre et la plus grande netteté dans ses travaux.

La Comptabilité nationale avait été de tout tems considérée comme l'objet le plus essentiel d'un Gouvernement dans lequel de grandes administrations, de nombreuses compagnies de finances, des receveurs généraux doivent justifier de la légitimité de leurs recettes et de leurs dépenses. A l'instant de la révolution, la comptabilité avait un arriéré considérable de comptes à apurer. Cette grande crise de la France, à cette époque, ajouta à ses travaux immenses. Un nouvel ordre de choses s'élevait et allait succéder à l'ancien. Il fallait alors, qu'à l'aide de la comptabilité, la nécessité de cette révolution fût justifiée, et cet établissement continua ses travaux. Lors de la destruction entière de la monarchie, des vampires s'attachèrent à toutes les branches de finances; mais la Constitution de l'an 3 vint et ordonna que toutes ces gestions continueraient d'être éclairées; elle voulut que les déprédateurs de l'ancien et du nouveau régime ne pussent échapper à sa vigilance; elle voulut enfin qu'au même travail se rattachât

tachât le nouvel ordre qu'elle établissait.
Le Corps législatif fut chargé de nommer
les Commissaires, et ne perdit pas de vue
que les talens étaient aussi nécessaires que
le patriotisme pour être investi de la confiance publique, et il assujétit leurs travaux à sa surveillance de tous les ins-
tans. La Comptabilité nationale assure ainsi
à la France la gestion de toutes les caisses
et de toutes les administrations, et la garantie des déprédations qui échapperaient
autrement au Gouvernement d'une grande
et vaste République.

Mais il fallait pourvoir à la comptabilité
des tems révolutionnaires.... Comptabilité
qui devenait presqu'étrangère aux travaux
de cette grande administration. Un inter-
médiaire fut établi pour éclairer autant
que possible ces tems nébuleux, et afin que
le républicain et le fournisseur de bonne foi
eussent au moins leur créance assurée, et
ne fussent pas privés de ce qui leur est dû
légitimement. C'est ainsi que la Constitution
répandait ses bienfaits par-tout, et nous en
promet par la suite de plus solides.

Le Ministère de la marine n'était pas un
des moins importans, et fixait la sollicitude

C

du gouvernement, comme il avait été long-
tems l'objet du travail du Corps législatif.
Tandis que l'anarchie et la terreur de concert dévastaient la France, il semblait que
la mer devait ne pas en ressentir le fléau.
Mais leur influence affreuse s'y était atta-
chée, et cette partie si intéressante des ressources de la France avait bien des malheurs à réparer. N'était-ce pas assez que
les élémens, les conspirations, les menées
secrètes d'un ennemi toujours perfide, se
réunissent pour atténuer nos forces? Fallait-il que sur mer comme sur le continent,
que dans nos ports comme dans nos arsenaux, sur nos flottes comme dans nos armées, les agitateurs cherchassent encore à
déchirer notre patrie....? Les colonies par
lesquelles le commerce existe, s'entretient
et se vivifie; les colonies par lesquelles le
nouveau monde tient à l'ancien, et d'où
naît un mutuel secours, avaient été aussi le
théâtre des plus sanguinaires fureurs.

Il fallait y porter des consolations, des
secours; il fallait éteindre un grand incen-
die; il fallait y faire régner les loix en dé-
truisant tous les partis. Le Ministère de la
marine devait remédier à tant de maux.

Déjà, par ses soins, les chantiers dans nos ports sont en activité ; il faut se mesurer contre l'Angleterre, il faut soutenir les efforts de la République batave , activer les lenteurs de l'Espagne , porter jusques dans l'Asie la terreur contre le Gouvernement anglais, et à nos établissemens la sécurité ; il faut organiser nos flottes et sur-tout y appeler les marins instruits que l'ambition , l'ignorance et la cupidité avaient déplacés... Le règne et la force de la Constitution font bientôt disparaître jusqu'aux vestiges des malheurs , et ne nous permettent plus que de concevoir des espérances.

Pendant que ces diverses commissions du Corps législatif s'occupaient de ces utiles travaux, auxquels chacun de nous concourait en silence, il fallait aussi s'occuper et faire marcher, presque sur la même ligne , les parties de l'administration intérieure et de *l'ordre judiciaire* ; il fallait en élaborer toutes les lois, recueillir les matériaux épars, faire disparaître ce que l'esprit de parti, d'intrigue et de faction leur avait imprimé de révoltant et de contraire à l'esprit d'une sage Constitution; il fallait achever son ouvrage, en s'occupant de consolider les fortunes particulières ébranlées par le système des finances publiques. C'était encore une partie bien chère à vos représentans, qui avaient gémi sur cette espèce de banqueroute que faisaient, à l'abri de la loi, le débiteur à son créancier, le fermier à son propriétaire, l'ingrat à son bienfaiteur. Ils pensaient à ramener par une loi la morale et la vertu ; ils pensaient à ôter à quelques-unes le cachet odieux de la rétroactivité ; ils pensaient à rétablir le crédit par la probité et la probité par le crédit. La fin de l'an 4 vit successivement éclore ces lois qui ramenèrent l'espérance et répandirent quelque baume consolateur.

Mais rétrogradons encore un instant pour vous parler du *Ministère de la guerre*, et pour vous présenter un tableau cher à vos cœurs, un tableau glorieux, celui du triomphe de nos armées, du courage de nos défenseurs et de la force naissante comme de la sagesse énergique du Gouvernement.

Avec quel plaisir en étudiais-je toutes les victoires...! Comme je me plaisais à les suivre au champ d'honneur! Lorsque j'arrivai au Corps législatif, le passage du Rhin venait de s'effectuer ; Jourdan volait de

victoire en victoire ; l'Autriche ressentait par-
tout les atteintes de nos baïonètes ; d'un
autre côté, l'Espagne voyait ses frontières
envahies. Pendant l'an 4, un Général,
jeune encore, marchait à grands pas à
l'immortalité, dans l'âge où à peine on
compte un capitaine expérimenté. Il part,
et déjà ses pas, sont comptés par des triomphes, ses actions par des prodiges. Par-tout
nos défenseurs, à la voix du Gouvernement,
enflammés du noble amour de la Patrie,
n'éprouvent plus de défaites. Que dis-je...!
et la retraite de Jourdan....! Mais cette retraite, semblable à celle de Moreau, fut
un des prodiges de la tactique militaire.
Interrogez tous les guerriers ; ils vous diront que dans les plus beaux jours de la
France victorieuse, elle n'éprouva plus de
gloire qu'où elle semblait devoir éprouver
plus d'échecs. Successivement, à chaque
jour, vos représentans à la tribune, célé-
braient ces prodiges de courage et de valeur,
et ne comptant pour rien les hommes, elle
ne decernait d'hommages qu'aux armées....
L'histoire croirait à peine la multitude de
nos triomphes, si le Corps législatif n'avait,
pour ainsi dire, constaté la reconnaissance

nationale par des lois que le Gouvernement transmettait, de sa part, à nos armées. Souvent même, et dans la même
séance, on les entendit couronner, d'un unique suffrage, plusieurs victoires à la fois.
Ces victoires, direz-vous, ne sont pas l'ouvrage de vos représentans ! Leur feriez-vous
donc l'injure d'oublier que c'est à la constante harmonie qui exista entre les pouvoirs,
qu'est due cette série de gloire ? Qui mettait
dans les mains du Gouvernement ce crédit
nécessaire pour fournir à toutes les soldes
exactement, à tous les besoins, à toutes les
subsistances ? Qui concourut plus puissamment à faire respecter la majesté du Peuple
français...., que cette concorde entre le
Corps législatif, le Directoire et ses Ministres ? Entendit-on alors, comme autrefois,
partir de la tribune ces soupçons que des
malveillans inspiraient au patriotisme om-
brageux ? Nos généraux, ces fils aînés de
la victoire, ces intrépides guerriers, leurs
invincibles armées eurent-elles jamais à se
repentir de prodiguer leur sang pour la
patrie ?

Tandis que d'une main puissante et énergique, le Directoire apprenait aux rois coa-

lisés ce que pouvait le Peuple français, ce
que pouvait la liberté ; tandis qu'il abaissait
les diadêmes devant la statue de l'égalité,
avec quel soin, portant par-tout un œil vigilant, ne préparait-il pas, dans ses cabinets,
les traités de paix avec la Prusse, avec l'E-
lecteur Palatin, et consolidait déjà la République batave ? Il négociait par-tout avec
célérité, offrait par-tout à ses ennemis l'olivier, tandis qu'auprès de ses aggresseurs,
aveugles et irréconciliables, il déployait l'é-
nergie la plus constante. Le Corps législatif
y fut-il étranger ? Ne le vit-on pas, au contraire, par ses travaux, par ses vœux, par
ses lois, méditer, accélérer, sanctionner
ces traités précurseurs d'une paix que tous
les pouvoirs, toutes les contrées, tous les
Français desirent générale, solide et constante..... ?

Et cette guerre dévorante, née du sein
du fanatisme ; cette guerre que toutes les
passions, tous les partis, toutes les factions, tous les étrangers, l'Anglais sur-
tout, avoit allumée, alimentée, entretenue ;
cette guerre dans laquelle l'hypocrisie fut
cruelle, le courage sanguinaire, la férocité
revoltante ; cette guerre qui semblait s'étein-

dre chaque jour, et que chaque jour voyait
de plus en plus active ; cette guerre qui
coûta la vie à tant de généreux citoyens ,
abusés ou malheureux , et dans laquelle
toutes les rages eurent peine à s'épuiser , qui
avait été l'objet des sollicitudes du Gouvernement ancien , cette guerre de la Vendée
trouva sa fin , fut étouffée par la Constitution de l'an III , la circonspection prudente
et énergique du Corps Legislatif et par la
sagesse du Directoire.

La discorde y avait secoué ses torches qui
paroissaient inextinguibles ; les premières
autorités n'opposaient d'abord que leur
concorde et leur union.... On avait vu dans
cette contrée aiguiser le poignard et multiplier de sang-froid des victimes même in-
nocentes ; le Gouvernement cicatrise ces
plaies encore vives ; le baume de la consola-
tion y arrive à la suite d'un développement
de force et d'énergie ; la persuasion ramène
ceux que la ferocité avait irrités : partout
le Directoire , comme un père , y fait instruire , éclairer , adoucir ses concitoyens ;
il leur dessille les yeux ; la lumière brille
de toutes parts ; des lois sages , pleines de
dignité émanent du Corps Legislatif ; un

Général (1) , que le courage honnête, seconde la marche des Autorités et préfère
le glorieux titre de pacificateur à celui de
vainqueur , que pouvait , que devait lui
faire ambitionner son âge et l'amour de la
gloire : sa générosité , sa modération ramène ceux qui avoient été aigris par la
conduite âpre de ses prédécesseurs.

Le Corps législatif les rappela à la vie
champêtre et agricole , il est secondé par le
Gouvernement qui avait su préparer les
voyes ; une amnistie générale est proclamée
à condition que les armes soient brisées ,
que les lois obtiennent et conservent leur
empire et que tous reconnoissent de bonne-
foi et sans retour leur erreur et leur Patrie.
Oh ! mes Concitoyens, que de larmes à la
fois sechées par les mains de vos Représentans ! Que de plaies fermées ! Que de
Français rendus à leurs frères ! Comme vos
Représentans se félicitaient du bonheur si
doux d'avoir fait des heureux et d'avoir
appris en même-temps à tous les Français
qui seraient à l'avenir tentés d'être rebelles ,
que le Gouvernement , les lois étaient là

---

(1) Hoche.

pour les comprimer , les persuader , ou
les punir en cas d'opiniâtreté; aux ennemis de la Patrie, que tout le Peuple français était intrépide pour sauver son pays
et la liberté ; aux malheureux égarés ou
séduits, que sous un Gouvernement libre ,
mieux valait ramener par la persuasion
que d'aliéner par des persécutions et des
peines rigoureuses !

Au milieu de ces immenses travaux, qui
sembleraient devoir absorber tous les mo-
mens des Législateurs et du Gouvernement ,
l'intérieur de la République appelait encore
leur vigilance et commandait des lois protectrices et conservatrices.

Il ne suffit pas à des Magistrats républicains de ne s'occuper que de gloire , de
combats ou de triomphes ; souvent l'ennemi
le mieux armé n'est pas le plus à craindre
pour une République naissante. Après une
lutte aussi longue , aussi penible que la
liberté eut à soutenir , et que la France elle-
même eut à soutenir pour la liberté , il
fallait des lois sévères , toutes paternelles ,
pour maintenir l'équilibre au milieu des
deux factions opposées dans leurs opinions
et dans le choix de la route qu'elles vou-

laient prendre pour arriver à leur but commun, le renversement du Gouvernement républicain.

Je veux dire l'anarchie et le royalisme : toutes deux ne pouvaient y parvenir qu'à travers des flots de sang, et toutes deux voulaient triompher, n'importe à quel prix.

Le Corps législatif n'ignorait pas d'ailleurs que, soit dans les départemens, soit dans la commune de Paris, il existait un grand nombre d'hommes qui avaient de profonds ressentimens à éteindre, de longues vengeances à exercer. Cette grande commune sur - tout, cet antre de tous les vices, comme le foyer de toutes les vertus, récelait, comme elle récelera long-temps, tout ce que l'étranger vomit de plus perfide et de plus insidieux, comme les départemens y rélèguent la lie de leurs Concitoyens.

Il n'ignorait pas que sur plusieurs autres points de la République on méditait des projets d'attaque, comme on ourdissait les trames les plus perfides. Il fallait en même temps, pour le repos du Français et la solidité du Gouvernement, surveiller cette inquiétude si naturelle, ce

desir inné aux émigrés de rentrer dans leur
Patrie, à ces hommes qui voulaient la déchirer au-dedans comme ils avaient déjà voulu
le faire en emmenant leurs trésors dans des
pays ennemis qu'ils avoient soulevés.

Un Ministre de la Police générale
avoit été établi et vous en avez senti par-
tout les effets salutaires. Il a mille voix pour
l'instruire, mille mains pour exécuter, et
tous les moyens de prévoir le crime ou
d'arrêter le criminel : cependant, me direz-
vous, jamais les attentats contre la sûreté
des citoyens et leur propriété ne furent plus
multipliés...; je l'avouerai à la honte de mon
siècle... Mais tous les ennemis de la nature
ne se multiplient-ils pas étonnamment à la
suite, soit des secousses de notre globe,
soit de ces débordemens rares, soit des
orages les plus condensés ; le calme
seul et un soleil vivifiant les font dispa-
roître..., les loix et l'œil vigilant du Gouvernement les disperseront, le sol en sera
purgé...; mais tant que, pour le malheur
de l'Etat, les passions seront en activité,
que les mœurs n'auront pas repris leur
doux empire, nous ne pourrons que gemir
et redoubler de force et de vigilance.

« Tant de bienfaits dus à la Constitution française, et qui suffiraient pour la faire chérir, si tous les Français voulaient être justes et reconnaissans, tant de bienfaits ne furent pas les seuls dont nous avons tous ressenti l'heureuse influence. Une famine horrible avait désolé la France…. Je n'en rechercherai pas les *causes*, et ne souleverai point à vos yeux le voile qui les couvre. Vous en avez été victimes, mes Concitoyens ; et, si nos frères de Paris dûrent encore une fois la vie à ceux des départemens, réjouissons-nous de cette union intime, de cette fraternité qui nous sauva tous. On avait vu…. Mais pourquoi en retracer l'horreur…. Il suffira de penser que deux onces de pain chétif, distribuées lentement, étoient la seule nourriture qui leur était accordée…. Puissent, les habitans de quelques campagnes, n'avoir pas à reprocher à leur cupidité féroce, la mort de plusieurs enfans de la patrie ! *Le Ministre de l'intérieur* substitua aux déprédations, une sage économie ; une secrète prévoyance remplit les magasins ; le gouvernement recueille, achète, distribue partout des subsistances, et bientôt, avec l'abondance, la joie renaît dans tous les cœurs.

Ce nétait pas seulement dant toutes les parties de l'administration, que la République voyait s'élever un ordre durable ; elle jouissait dans toute son étendue, de toutes les formes protectrices de la vie et des fortunes des citoyens. *Le Tribunal de cassation,* ce tribunal qui ne dépend que de la loi qui l'a établi ; ce tribunal, conservateur de la justice, soutien de la liberté publique et particulière, faisait respecter la majesté des lois. Les magistrats, les élus du peuple, n'étaient que les dépositaires, les premiers gardiens de la Constitution, et les garants de l'observation littérale de ces lois voulues par la nation. Ce tribunal unique, était le centre où la violation des formes était condamnée, où les jugemens vicieux, par ce défaut, étaient réformés. S'il sert souvent aux criminels d'occasion pour prolonger leur vie, la France n'en respectera pas moins son établissement ; et si un innocent y trouve sa justification, n'est-ce pas un triomphe assuré pour tous les républicains ?

Là, l'esprit de parti, les préventions, les préjugés locaux disparaissent et s'évanouissent. La vérité seule dégagée des voiles épais dont les passions cherchent à l'envelopper, la vérité y jouit de tout son éclat, et souvent sa lumière va éclairer les tribunaux les plus reculés. Cette sublime institution doit encore, chaque année, au Corps législatif, le tableau sommaire de ses travaux ; et combien ils sont précieux et satisfaisans pour les bons citoyens !

Dans nos *Musées*, l'espérance ranime les arts désolés et leurs adorateurs ; on arrache de toutes parts aux mains des Vandales, ce qui était échappé à leur brutalité. L'ignorance rentre dans ses repaires ; le génie reparaît avec timi-dité d'abord, mais bientôt se remet à sa place. Le peintre reprend sa palette, nos sculpteurs leurs ciseaux, nos savans leur plume ; et bientôt va se former l'Ins-titut National qui doit éclairer l'univers.... On y cherche les hommes célèbres (1) que la mort a moissonnés injustement.... Les larmes coulent en voyant leurs places vides, et les hautes sciences comme les beaux arts restent éplorés ; les uns sont honorés des plus justes regrets...., d'autres inutile-ment rappelés (2)... Enfin, le premier prai-

____

(1) Lavoisier, Condorcet, etc.
(2) Delisle.

rial de l'an V est à peine arrivé, que tout promet au nom de la Constitution, et sous les auspices du Gouvernement républicain, une série de plus beaux jours.

Les finances s'amélioraient ; nos défenseurs volaient de victoire en victoire ; les chemins d'Italie étaient ouverts, et les lauriers que nos armées y cueillaient à chaque pas, annonçaient assez qu'elles en cueilleraient une plus ample moisson. Quiberon avait appris aux Anglais combien étaient valeureuses les armes françaises ; c'est-là que ces ennemis éternels de notre France avaient donné la juste mesure de leur perfidie....

Le Gouvernement s'occupait, dans le silence, a détruire toutes les factions, et leur prouvait énergiquement qu'au nom de la Constitution, il saurait toujours les comprimer avec cette force qu'elle lui donnait. Vos législateurs marchaient de plus en plus précédés de la lumière qu'elle répandait, et s'appliquaient à guérir les plaies profondes que les déprédateurs n'avaient cessé d'ouvrir sur la surface de la République.

Les établissemens les plus précieux à l'humanité, avaient été dépouillés de leurs

biens

biens sous le spécieux prétexte de donner
de la valeur aux assignats. Ces établissemens, qu'une main impie n'avait osé détruire, mais que perfidement elle desséchait ; ces établissemens, asyle de la misère,
des souffrances, du malheur, et que l'humanité la plus touchante avait élevés,
conservés et enrichis ; ces établissemens
voyaient arriver l'heure de leur destruction
entière. Des justes regrets, des spectacles
de douleur avaient frappé nos yeux et nos
oreilles dans nos départemens, et nos
cœurs en étaient touchés. En vain le Gouvernement était-il chargé de pourvoir à
leurs besoins...; l'impuissance était complète, puisque les ressources manquaient
de toutes parts. On croyait en appercevoir,
et respectant le travail qui se préparait sur
ces monumens de bienfaisance, une loi
précédente n'avait qu'ajourné la vente de
leurs biens ; mais les besoins devenaient de
plus en plus impérieux. Tous les départemens reclamaient énergiquement qu'il y
fût enfin pourvu.

Le département de l'Aube renfermait
dans son ressort plusieurs de ces hospices :
mes collègues et moi, nous en connaissions

D

tous les avantages : nous savions que dans une commune populeuse et commerçante comme celle de Troies, les hospices présentaient à nos compatriotes infortunés des secours précieux dans leurs maladies et des consolations abondantes. Ce que nous avons eu de moyens, nous les avons employés ; nous avons réuni les lumières que nous offraient les localités pour appuyer les efforts de la générosité et de l'humanité nationale. Cette loi conservatrice des ressources de l'infortune, cette loi consolatrice des malades gémissans et dénués de tous secours fut rendue. Ce fut un triomphe pour la France entière. Les intérêts de la nation furent ménagés ; la justice fut strictement respectée ; on pesa mûrement, on discuta avec chaleur, on examina scrupuleusement tous les avantages et tous les inconvéniens ; et cette loi qu'avait dicté la bienfaisance, fut reçue par-tout avec gratitude.

Le régime révolutionnaire avait obtenu, exigé quelquefois des lois de circonstance, des lois de rigueur, des lois incompatibles avec cette justice que prescrivait la Constitution et avec le caractère du Français. Ces lois semblaient déshonorer le code.... Vos

Législateurs travaillaient à les effacer. La Convention leur en avait donné l'exemple, et lorsqu'un nouvel ordre de choses s'élevait avec sagesse et majesté, il convenait à vos représéntans de dégager la République de tout ce que son code pouvait contenir d'impur à ses yeux et indigne d'elle.

Ils voyaient, avec un sentiment de plaisir et de gloire, leur patrie échappée à la longue tourmente qui avait failli cent fois l'anéantir; l'éclat des victoires de nos armées; l'Espagne obligée de briser de ses propres mains le traité de Pilnitz et de demander la paix à la France ; les puissances du Nord conserver leur neutralité armée ; l'aigle Autrichien toujours abattu, et enfin au point de ne plus être connu dans l'Italie ; ils voyaient dans l'intérieur les manufactures ravivées, le commerce languissant et frappé autrefois à mort, renaître et reprendre vigueur.

Nos ports se remplissaient de vaisseaux et nos corsaires actifs et hardis portaient les plus grands coups au commerce de l'Angleterre, en l'affrontant jusques dans la Tamise.

L'anarchie et ses infames partisans étaient

comprimés ; mais de farouches réactionnaires, peu contens des efforts continuels
du Gouvernement et des Législateurs, aigui-
saient les poignards, fomentaient les haines,
ne voulaient, ne respiraient que vengeance.
D'un autre côté, des conspirateurs secrets
tentaient dans l'ombre à ramener la royauté
détruite le 10 août. Plus adroite, mais peut-
être aussi cruelle, elle ne semblait point
méditer les attentats ; mais elle se réjouis-
sait de les voir se multiplier, et tout en les
condamnant hautement, elle en protégeait
fortement les sinistres auteurs. Vos représentans n'hésitèrent jamais de les frapper
tous : ils différèrent peut-être dans la route
qu'ils indiquaient ; mais leur but a été le
même, constant et invariable.

Le mot de justice était dans tous les cœurs :
dans les départemens, dans Paris, cette
vertu était invoquée de toutes parts ; mais
devait-elle être un jour prostituée sous le
masque et à l'ombre du républicanisme ?
l'opinion fait souvent la loi et la dicte, tandis que l'impassible magistrat ne devrait
voir que son pays et le code qui le régit, et
le voir surtout avec cet œil froid et pénétrant
de la sagesse. De toutes parts se fait enten-

dre la voix de cette opinion , dûe même à l'avantage de la Constitution. Le Français desire faire le bien avec ardeur ; il voulut alors réparer le mal qui s'était commis contre lui et malgré lui. Sa bonté native l'engage à accélérer ce qu'il croit être la félicité publique : et il ne voit pas que *le mieux* est le plus grand ennemi *du bien*. Son impétuosité naturelle le décide promptement à exécuter ses projets, et ce premier mouvement une fois donné s'empare de toutes les ames et semble les électriser.

Combien de fois ai-je gémi sur cette précipitation : cette soif immodérée de *ce mieux* que chacun de nous desirait, de *ce mieux* que tous voulaient ; mais aussi qui ne pouvait que devenir un jour funeste au *bien* même.

Il en est du corps politique d'un Etat, comme du corps physique d'un individu. L'homme, après une maladie aiguë et cruelle qui l'a conduit jusques aux portes de la mort, éprouve une crise salutaire qui le ramène à l'état de la santé ; mais de combien de ménagemens n'a-t-il pas besoin ? Un médecin éclairé lui apprend qu'un seul moment dérange les ressorts de la nature, altère et tarit quelquefois les sources de la vie ; mais il lui apprend aussi que le travail de la nature a ses commencemens, ses périodes et ses accroissemens ; qu'il faut passer par ces différens états, avant de retrouver la force nécessaire pour reprendre les travaux. Le temps de la convalescence est destiné à éliminer peu-à-peu l'ennemi de la santé et à le préparer à la recouvrer.

Telle était la République : une maladie violente avait déplacé, dérangé, détruit ses anciens ressorts ; des mains ineptes, en voulant les rétablir à leur gré, avaient augmenté le mal qui était venu à son plus haut période. La Constitution présentait un remède sûr : il était adopté ; mais il fallait des mains prudentes pour le distribuer, et non une précipitation excessive. C'est cette précipitation qui faillit encore nous rejeter dans des maux plus cruels, qu'il était aisé de prévoir ; mais que le Français ne prévit point. On confond bientôt les républicains avec les anarchistes ; la cruelle réaction du Midi semble se propager et augmenter ; les vétérans de la révolution sont, malgré les vœux du Corps législatif, voués à une espèce de mépris, par l'opinion que de nouveaux ennemis corrompent encore. Les élections de l'an 5 portent à la législature des hommes irréprochables peut-être ; mais qui eurent le malheur de penser qu'il fallait faire disparaître tous les instrumens de l'anarchie, en même-tems qu'ils furent eux-mêmes accusés de donner secrétement la main aux royalistes. Démosthène ne le fut-il pas de servir Philippe contre Athènes, sa patrie ?

Les armées, pendant cette année mémorable, continuaient à remplir l'Europe d'étonnement par leurs prodiges...... Toute la Lombardie recevait la loi du vainqueur, et la République Cisalpine s'élevait sur les débris de la puissance autrichienne. Un jeune héros triomphait des généraux les plus consommés, les plus expérimentés de l'Allemagne, et Wurmser vaincu honora de ses éloges les talens et l'humanité de son vainqueur. Rome va bientôt reconnaître l'effort du courage républicain ; elle se soumet et envoie un ambassadeur demander, acheter même la paix, qu'elle est bien résolue de rompre, aussitôt que nos phalanges seront retirées ; mais le Gouvernement français veille, et dans peu les Consuls et leurs faisceaux rappelleront les beaux jours du

peuple-roi. Le Piémont avait livré ses citadelles en ôtage aux Français ; l'Allemagne
tremblait à la vue de nos soldats aguerris :
Moreau voit le Danube ; mais un revers....
que dis-je ! une retraite digne de la plume
de Xénophon , honore encore son armée
autant que ses victoires.

Dans l'intérieur , vos Législateurs cher-
chaient à rappeler leurs concitoyens à la justice la plus scrupuleuse. Le papier monnoie
avait fait dans toutes les fortunes des plaies
profondes , auxquelles il fallait remédier.

Tous les contrats , les transactions , les
douaires , les successions , les dépôts qui
avaient été stipulés pendant sa durée, étaient
devenus une source inépuisable de discorde
intestine , qui désolait , ravageait et minait
peu-à-peu toutes les classes de citoyens.

L'agiotage s'était emparé de toutes les
avenues , la cupidité avait infecté tous les
actes , elle avait pris toutes les formes pour
s'envelopper ; il fallait un fil pour parcourir
ce labyrinthe ; il fallait à la justice un fanal
pour l'éclairer ; il fallait une loi pour diriger tous les Français. Dans le silence des
commissions, dans l'ombre de son cabinet,
chaque représentant travaillait et portait à

l'Assemblée le tribut de ses lumières : la
discussion en jetait de nouvelles ; enfin , le
Corps législatif , le tableau de dépréciation
à la main , après avoir pesé mûrement tous
les inconvéniens , se décide à porter les lois
qui fixèrent toutes les incertitudes et réglè-
rent les droits de tous les dissidens. C'était
un triomphe assuré contre la ruine commune qui menaçait d'entraîner la fortune
publique et particulière , essentiellement
liée l'une à l'autre : l'on vit dès-lors cesser
cette guerre judiciaire , plus cruelle encore
par ses effets que par sa cause , puisqu'elle
eût laissé de profonds germes de dissension.

L'instruction publique tant désirée , appelée par tous les vœux des Français , sur-
tout depuis que la sottise et l'ignorance ,
qui avaient voulu couvrir la France de leurs
ténèbres , avaient voué au mépris les sciences , les lettres et les arts , et les savans à la
mort. L'instruction publique avait aussi reçu
une impulsion étonnante , et se propageait
de toutes parts. Le Gouvernement , les deux
Conseils , les Ministres , se prêtèrent une
main mutuelle , et par cette harmonie sin-
cère et constante , ils rappelèrent bientôt
les lettres fugitives dans leur sol naturel.

Une Législation certaine fixe et consolide les grandes écoles de Département : et les écoles primaires et celles qui doivent conduire aux centrales...., me direz-vous ! Le Législateur témoigna son vœu ; mais il fut impuissant : le Gouvernement l'appuyait de tous ses desirs.... ; mais les finances qui alimentaient nos armées , remplissaient nos ports , entretenaient nos arsenaux , conservaient la patrie ; les finances ne permettaient pas d'aller plus avant , et le Corps législatif fut obligé d'ajourner à des temps plus heureux , à compléter ce qui pouvait manquer à cette partie.

Le Gouvernement cependant en préparait les masses : au milieu des victoires des armées , il pensait à des conquêtes bien plus précieuses que celles d'un terrein , d'une forteresse ou d'une nation.

La conquête entière de l'Italie lui en fournissait les moyens , comme déjà celle de la Hollande lui en avait procurés.

Le jardin des plantes, ce cabinet sans-doute le plus curieux, le plus complet, je ne dirai pas de l'Europe ; mais du monde entier, avait été rempli des objets les plus riches de l'histoire naturelle , dans ses trois règnes.

Le Vandalisme avait porté une main sacrilége et homicide sur les plus beaux monumens des arts : la philosophie les répare presque, et nos ennemis qui avaient pressé sans-doute cette destruction, en *seront punis et en même temps dépouillés de ce qu'ils avaient de plus cher.*

Rome et Venise sont destinées à remplir le Muséum, à orner nos jardins publics, à présenter à nos peintres, à nos sculpteurs, à nos concitoyens, ce que l'antiquité a de plus fini......, ce que les sciences, le génie ont créé et enfanté de plus célèbre. La mer, les Alpes, l'éloignement des lieux ne sont plus des obstacles ; tout est franchi, l'Italie et le Golfe Adriatique viendront désormais admirer *dans nos murs*, ce qui était autrefois *chez eux* l'admiration du monde.

Les plantes, les graines étrangères sont apportées pour y être acclimatées.

Heureux mille fois le Français si, goûtant paisiblement tant d'avantages, il n'avait pas recélé dans son sein deux factions ennemies l'une de l'autre ; mais concourant au même but, le renversement du Gouvernement républicain !

Les anarchistes voyaient à la haute-cour

leurs chefs. Ils avaient eu une seconde fois, à Grenelle, la preuve que la nation repoussait avec horreur leurs sanguinaires projets. Presque au même instant une autre conspiration, en faveur de la royauté (1), conspiration non moins coupable, agitait les esprits. Le Gouvernement, sans cesse aux prises, était à chaque instant forcé d'agir énergiquement, et une police active l'instruisait des trames qu'on ourdissait, et en saisissait les principaux moteurs.

Ailleurs, le tableau déchirant des Colonies attristait le Législateur qui, à deux mille lieues, ne pouvait parvenir à reconnaître la vérité, au milieu de tout ce que les partis différens annonçaient d'horrible et d'affreux dans cette portion intéressante de nos possessions.

Il s'en rapporta à la sagesse du Gouvernement qui, appuyé sur des lois protectrices, organisa la Constitution dans le nouveau monde. Puisse-t-elle, comme au milieu de nous, y faire refleurir le commerce, respecter les personnes et les propriétés...! Déjà nous en avons les plus sûrs présages,

______

(1) Brotier, Lavilheurnois, Proly, etc. etc.

et ces signes avant-coureurs nous annon-
cent que les larmes et le sang n'arroseront
plus une contrée qui fait notre principale
richesse et notre boulevard contre l'inso-
lente domination des Anglais.

C'était ce gouvernement perfide qui y
avait semé la désolation, c'était lui qui
avait formé cette coalition de Pilnitz ; c'é-
tait lui qui avait allumé, entretenu, fo-
menté la guerre de la Vendée ; c'était lui ,
qui, hospitalier en apparence, venait rejeter les émigrés sur nos côtes, pour les fou-
droyer comme à Quiberon ; c'était lui qui
s'arrogeait le sceptre des mers ; c'était lui ,
qui , en 1763, avait compté le nombre de
nos vaisseaux , et ne nous permettait d'en
entretenir que ce qu'il lui plaisait; c'étoit lui
enfin, qui avait attisé tous les feux dont
nous fûmes presque dévorés pendant le
règne de la terreur.

Le Gouvernement, le Conseil, la Nation
entière lui déclarent une guerre à mort ,
au moment où le traité de Campo-Formio
venait d'être signé , où Rome était devenue
république, où, victorieux de tous ses ennemis, le peuple français offrait la paix au
monde. Ce cri unanime retentit jusqu'à

Westminster ; il se rassurait en vain de sa stupeur, en croyant connaître l'état des finances de la République.... Mais il devait connaître bien mieux le caractère français, le génie tutélaire de la liberté, et la victoire toujours fidelle à ses enfans.

Bientôt l'an 6 voit un projet général, une loi sur les finances. Depuis long-temps elle était invoquée de toutes parts ; la guerre, les besoins publics épuisaient le trésor national. De honteuses dilapidations à réparer, des armées à soutenir, une marine à créer, un nouvel ordre de choses à consolider, les ennemis de l'intérieur à surveiller et à comprimer ; tout imposait la nécessité de rendre cette loi. Le paiement entier des rentes, des pensions, devenait impossible ; il fallait donc pourvoir à solder, sinon en totalité, au moins en partie, ces dettes si importantes.

La République n'avait que des biens nationaux ; elle ne pouvait se libérer qu'avec ce gage trop déprécié, mais auquel un jour la paix générale rendra tout son prix et son avantage. Elle offrit ce gage pour payer les deux tiers de ces rentes, et consolida ainsi une partie qui serait devenue absolument nulle , si l'obstination plus que la sagesse eût dirigé le Législateur. La loi du 9 vendémiaire établit un nouvel ordre dans les finances , et celle du 24 frimaire suivant, rendit quelques espérances aux créanciers de l'État , puisque celui-ci donnait en nature ce qu'il pouvait donner sans nuire au bien général. Car il ne faut pas s'y tromper ; le Gouvernement, malgré ce qu'en diront ses ennemis, ne peut en tout se comparer à une famille. Dans les grandes crises , il ne doit point voir les individus, mais le tout. Dans un orage , le pilote voit les passagers et son vaisseau ; la cargaison pour lui est bientôt sacrifiée pourvu qu'il puisse ramener les uns et les autres au port. Sans doute , il a fallu que le rentier , le pensionnaire se soumissent à cette loi qui leur parut rigoureuse ; mais une tourmente générale avait frappé tout les citoyens. Une guerre horrible desséchait tous les canaux de la prospérité publique... Fallait-il de nouveaux emprunts, des exactions forcées, des impôts renouvelés , pour satisfaire à cette dette ? Le rentier, le pensionnaire en eussent été frappés les premiers , et aujourd'hui, que le Trésor public peut satisfaire en numéraire à ses obligations, ils en ressentent un plus grand avantage. Les impôts indirects dont cette loi indiqua la première la nécessité, leur assurent, comme au propriétaire, un adoucissement, une véritable amélioration. La vente des domaines nationaux qui avait éprouvé tant de variations dans son mode comme dans son paiement, obtint aussi une législation plus constante, plus certaine ; et l'on avisa ainsi cette partie si importante dans un Gouvernement républicain.

Les contributions appelaient aussi toute l'attention du Corps législatif, sans contributions point de Gouvernement, point de police, point d'armées, point de subsistances. Mais l'assiète, le choix, la nature de ces contributions, tel était l'objet de ses travaux. On avait supprimé tous les impôts indirects, plus odieux par leur perception que par eux-mêmes, et ainsi on avait voulu briser dans les mains du dernier monarque, l'appui de son sceptre ; mais la monarchie avait disparu, et il était temps de soulager le propriétaire qui, par le système adopté, supportait un poids énorme qui allait écraser l'agriculture, cette ressource première d'une République.

D'ailleurs,

D'ailleurs , le Gouvernement demandait de quoi subvenir à toutes les dépenses. Les prisons étaient sans clôture ; les prisonniers eux-mêmes étaient menacés des premiers besoins ; les hôpitaux étaient dans un dénû- ment universel , et les malades qui venaient y chercher la santé , trouvaient à peine quelques remèdes ; les fonctionnaires pu- blics ne pouvaient être payés ; l'armée vit sa solde arriérée. Le Corps législatif sentait cette nécessité , mais il savait aussi avec quelle circonspection il fallait établir cette partie , et ménager une nation qui comptait tant de victoires , mais qui avait été éprou- vée par une longue suite de malheurs , d'o- rages et de privations. Enfin, la Représen- tation nationale sçut accorder ses premiers devoirs avec les besoins publics , de ma- nière à ce que chaque département éprouva un dégrèvement considérable , qui n'était que le précurseur de ceux que la paix , la solidité de la République, peuvent faire es- pérer par la suite.

Vous n'en sentez pas encore tous les avantages , Citoyens : le Département de l'Aube , peu favorisé des richesses de la nature , est moitié agricole , moitié com-

E

merçant. Mais retournez en arrière et apprenez qu'autrefois la contrée que vous habitez, tous droits comptés, payait par chaque individu de tous les âges et de toutes les classes 26 francs 80 centimes par tête.., somme énorme..; et aujourd'hui calculez et rendez hommage à la révolution. Interrogez le fermier, le vigneron; et la vérité leur arrachera, que dis-je? leur dictera cet aveu de la reconnaissance et de la justice.

Au milieu des immenses travaux que toutes les parties d'administration exigeaient, le Gouvernement coordonnait dans le secret cette célèbre expédition qui, connue, étonna toute la République et fit trembler jusques dans son île la fière Albion. Buonaparte, un an auparavant, avait montré à son armée l'ancienne Grèce (1), ce sol heureux où la liberté fit si long-temps son séjour et rendit ses habitans immortels par leur génie et par leurs monumens. Le Nil doit recevoir encore son heureuse influence ; l'Égypte doit recevoir de la grande Nation un bonheur qu'elle a connu

____

(1) Lorsqu'il aborda à Ithaque et Cythère ou Cérigo.

si long-temps et que l'ignorance et le despotisme lui ont fait oublier. Leurs habitans ne sont plus les successeurs de ces anciens Grecs ; la fière Liberté a perdu chez eux jusqu'à son nom, mais il faut aller la leur montrer et le conquérant de l'Italie, de Venise, de Gênes, de la Lombardie, le pacificateur à Leoben et à Campo-Formio voit une conquête de plus à la philosophie, un triomphe pour la liberté ; des savans, des bibliothèques, des presses, des ouvriers de tous les genres, sa brave armée l'accompagnent : *on dirait une France nouvelle sur les mers* allant porter dans des contrées lointaines son bonheur et ses connaissances. Malte voit du haut de son rocher cette armée de vainqueurs ; Malte est bientôt aux Français qui peu après poursuivent leur route jusques sur le Nil. Puissent la liberté, la philosophie ensemble, remporter sur les ennemis du genre humain, l'ignorance et le despotisme, une nouvelle victoire qui honorera à jamais les génies qui la préparèrent, le héros qui en fut l'ame, et les armées comme les savans qui sçurent la fixer et la consolider !

Le Gouvernement occupé de ces hautes conceptions connaissait le besoin de la paix pour vivifier et ranimer par-tout le commerce, l'agriculture, l'industrie, les sciences et les arts ; le Corps législatif, le peuple entier aspirait après un repos que semblaient devoir lui procurer le sang de nos défenseurs et une multitude de victoires.

A peine les préliminaires signés à Léoben furent-ils connus qu'une joie universelle s'empara de tous les cœurs. L'olivier fut offert au vaincu par le vainqueur. La France devait être généreuse ; elle le fut : la bonne-foi dictait ses démarches comme le courage animait ses armées. Les plénipotentiaires furent bientôt à Rastadt : bien différens de ceux que l'Angleterre avait envoyés l'année précédente, les Ministres français ne perdirent pas un moment pour conclure cette paix tant desirée, cette paix qui devait éteindre une guerre longue et désastreuse, arrêter l'effusion d'un sang précieux et essuyer tant de larmes.... On les vit successivement porter la modération au plus haut point ; ensuite accorder à l'Empire ce qu'il demandait avec hauteur, quoique vaincu.... Tous les sacrifices furent faits pour l'obtenir. Ils voyaient les lenteurs d'une Cour abusée ou perfide ; ils n'opposaient que la patience , ils mettaient à accélérer ce grand ouvrage toute l'ardeur qu'on aurait dû attendre de celui qui, après avoir éprouvé tant de défaites , perdu tant de trésors et de riches contrées, qui avait vu son ennemi presque aux portes de Vienne , avait enfin tant d'intérêts à l'accepter avec reconnaissance et satisfaction. Les rois sont donc bien aveugles ou bien coupables....... ! Ils avaient résolu à Pilnitz la destruction de la France.... La France plus généreuse ne voulait que défendre ses foyers : la victoire , le génie tutélaire de la liberté , son courage , étendirent ses conquêtes ; et elle peut maintenant dire à son tour aux rois qui l'environnent, que leur dernière heure a sonné.

Les élections de l'an 6 approchaient. Une agitation sourde se manisfestait dans tous les départemens. Une faction toujours terrassée , mais toujours audacieuse , croyait, à l'ombre du 18 fructidor devoir occuper toutes les places et siéger dans les tribunaux, dans les administrations, et jusques dans le Corps législatif. Une police active surveillait tous ses mouvemens, mais ne pouvait les arrêter. Les assemblées primaires se réunissent; toutes les passions les y accompagnent. Sous le spécieux prétexte de détruire les restes d'une faction opposée, celle-ci ne garde plus de mesures. La liberté est violée; on vit les purs républicains exposés à leurs insultes, comme on le reprochoit aux royalistes éhontés; des hommes sans aveu, des étrangers y furent introduits; et qui ne reconnaîtra pas encore une fois ce que peuvent l'intrigue et le crime combinés! Pour avoir des partisans et les porter à la législature, on ne rougit pas de les admettre au rang de citoyens français et d'électeurs. On vit le royalisme et l'anarchie, d'accord cette fois dans leurs projets criminels, s'aider, s'appuyer, se défendre mutuellement. Ce que voyait dans Paris le Corps législatif, il l'apprit bientôt des départemens. Des scissions scandaleuses eurent lieu presque partout; la postérité croira à-peine un jour que, sous le règne d'une Constitution, l'anarchie ait osé reparoître avec tous ses sinistres avant-coureurs.. Cette fois elle emprunta toutes les couleurs,

se para de toutes les livrées , employa
tous les prétextes ; le Gouvernement , les
Conseils virent encore une fois la France
sur le bord de l'abîme ! Dans une République aussi étendue , dans des circonstances aussi alarmantes, dans un intervalle
de tems aussi court , comment le Corps
législatif pourra-t-il accorder ce qu'il doit
à la Constitution , pourvoir à l'intégrité du
Corps législatif, à la solidité des rouages
de l'état politique , à la combinaison de
tous les pouvoirs ? Comment pourra-t-il
juger la nullité , les vices , ou la justice
de tous les partis ?

Au 18 frutidor qui fut pour lui un tems
également critique, les événemens multipliés
alors , les faits qu'on lui révélait et encore
l'impérieuse loi de la nécessité lui avaient
dicté la marche qu'il avait à tenir.... Dans
cette crise de germinal , qui était une con-
séquence malheureuse de la première, il
n'avait plus à hésiter ; l'existence de la
République le lui commande : et je ne puis
mieux faire, en parlant de ces deux époques
fameuses dans la révolution , que de retracer
ici ce que dit avec tant d'éloquence le
citoyen Garat , membre du Conseil des

anciens, dans un de ses rapports (1).

« Je sais que lorsqu'on n'est pas encore
» entièrement sorti du tems révolutionnai-
» re, il est des circonstances puissantes et
» pressantes, dans lesquelles il faut sortir de
» la Constitution pour la défendre, comme
» on sort des remparts et des portes d'une
» ville assiégée pour repousser ceux qui
» veulent la froudroyer. Mais de pareilles
» mesures appartiennent à la guerre bien
» plus qu'à l'ordre social. Une fcis salu-
» taires, le plus souvent elles sont mortelles,
» et ceux qui les ont employées avec succès
» et avec gloire, sont ceux qu'elles épou-
» vantent le plus. »

Enfin, la loi du 22 floréal fut rendue
et le germe des divisions anéanti.

Le Corps législatif trouva dans les nouveaux membres admis dans son sein, le
zèle et le patriotisme nécessaires pour concourir au bien général de la France. En
vain les ennemis de l'intérieur murmuraient
sourdement ; leurs intrigues avaient été
déjouées et il ne leur restait que le dé-
sespoir. Leur rage était enchaînée et le

____

(1) 11 Nivôse an 7.

Gouvernement ne pouvait rien en craindre contre la félicité publique.

Les veritables émigrés rentrés, les cruels réactionnaires, le zèle amer et outré des prêtres avaient répandu de justes inquiétudes. La plupart rebelles à la loi, qui les bannissait ou les condamnait, avaient l'imprudence de rester opiniatrément sur un sol qu'ils detestaient au nom de la révolution, mais qu'ils cherissaient au nom des doux liens de la nature et de la Patrie. L'on sentit alors la nécessité de les contraindre à obéir aux lois déjà portées contre eux ; le Corps législatif en pesa mûrement les avantages et la nécessité, et dès-lors le Gouvernement fut chargé de faire la recherche la plus exacte. La clémence avait manqué de le perdre, et pour quelques ennemis qui ne voulaient pas pardonner, il ne devait pas exposer la République naissante à des luttes toujours pénibles et toujours nuisibles à son accroissement.

Les institutions républicaines avaient dégénéré ; il fallut les ranimer et répandre et propager par-tout ce qui, dans un Etat doit être coordonné à l'unité et à la majesté des lois.

L'instruction publique devait être ramenée à son principal but, celui de former des citoyens à la liberté et en même temps à la morale, le premier et le plus sûr lien de toute la société ; pouvait-on appeler morale publique ce sentiment d'aliénation qu'on pouvait inspirer aux élèves en leur faisant respecter des lois étrangères et contraires à celles du pays dans le sein duquel ils vivaient ? La morale était donc en contradiction avec elle-même ; et les élèves, un jour devenus hommes, n'auraient-ils pas pensé qu'on s'était joué des principes, et alors qu'auraient-ils respecté ? Le Législateur porta un œil sévère et vigilant sur cette partie intéressante de l'éducation et ne cessera de s'en occuper que lorsque son ouvrage sera enfin consolidé.

Le Gouvernement, toujours jaloux de la gloire de la République, voulut alors donner à toute la nation le spectacle de l'abrégé de nos victoires, décerner aux armées publiquement les honneurs du triomphe, et récompenser les hommes de lettres et les savans qui avaient concouru puissamment à enrichir notre Patrie.

Le neuf thermidor fut choisi pour cette fête brillante et à jamais mémorable.

Tous les monumens de l'Italie vaincue traversèrent Paris aux acclamations publiques ; chaque soldat en les voyant pouvait se dire : voilà le prix de mon sang ; le citoyen : voilà la conquête de la liberté que j'ai servie ; le savant : voilà les modèles de l'antiquité qui doivent enfanter l'émulation, exalter le genie ; le jeune homme admirait jusqu'à ce qu'il pût imiter ; enfin soixante-dix chars furent reçus au Champ-de-mars par le Ministre des arts qui, au nom de la Nation victorieuse, paya aux guerriers et aux savans le tribut de la reconnaissance universelle.

Le neuf thermidor de l'an 2 *avait été l'aurore* de la renaissance des arts ; le neuf thermidor de l'an 6 en vit *le triomphe* le plus entier et le plus somptueux.

Il n'était que le prélude de ce que devait être pour tous les Français l'anniversaire de la fondation de la République.

Frapper les yeux par des fêtes passagères, sans leur imprimer un caractère utile et avantageux, sans que les premières autorités parussent les partager ou les célébrer elles-mêmes avec pompe et magnificence, ce n'était qu'amuser le peuple sans l'instruire, sans lui laisser dans l'ame quelque chose d'imposant ; il convenait que toutes les classes de citoyens pussent y trouver l'aliment du génie, l'idée de la grandeur de leur pays, et de quoi enflammer leur noble ardeur pour l'enrichir, le conserver et le défendre.

Ces hautes conceptions n'échapèrent pas au Gouvernement. Il voulut, tout-à-la fois, donner au Peuple français, en un seul jour et sur un même point, le magnifique tableau de ses richesses, de sa force, de ses ressources, de son industrie, de sa grandeur et de sa majesté. Il appela tous les savans pour embellir ce jour, tous les arts pour les honorer, tous les ateliers pour les encourager, tous les départemens pour les réunir, et ranimer par-tout l'industrie, le commerce, les sciences. Là il porta à nos ennemis, et particulièrement à l'Angleterre, un coup plus sûr que n'eût fait une victoire ; que dis-je ? c'en fut une réelle, puisque l'exposition des chefs-d'œuvre de nos ateliers soutinrent, et, en quelques parties même, surpassèrent le parallèle (1)......

Pendant ce tems, l'Europe entière avait les yeux sur Radstadt ; et la sagacité des négociateurs français appréciait les détours, les ruses, les lenteurs de nos ennemis.

Mille combats et plus avaient appauvri nos armées ; des lâches avaient quitté le poste de l'honneur, et étaient rentrés dans le sein de leur famille. Une République voisine (2), amie de la France depuis des siècles, avait oublié cet amour de la liberté que l'excès du despotisme autrichien avait jadis allumé dans son sein, et devenue plus avide de l'or français qu'émule de sa gloire, elle avait perdu le souvenir de sa souveraineté ; des magistrats l'avaient envahie, et au mépris des lois du bon voisinage, ils avaient donné asyle aux ennemis de la France. Quelques amis de l'ancienne liberté helvétique invoquèrent le secours des fondateurs de la liberté française ; une révolution s'opère dans ce pays, qui n'avait besoin que d'une étincelle pour ranimer sa liberté.

---

(1) Les cristaux et la manufacture d'armes de Versailles.

(2) La Suisse.

D'un autre côté, le Gouvernement voyait que pour forcer l'ennemi plus sûrement à la paix, il fallait lui montrer que la France a toujours des milliers de défenseurs prêts à marcher. Depuis long-tems le Corps législatif s'occupait des moyens de recruter l'armée d'une manière conforme à l'égalité et à sa population. Le moment était marqué; de toutes parts les rois se coalisaient, même ceux à qui la France avait témoigné le plus de générosité.

Le législateur savait que par-tout la crainte, et peut-être la haine de la République, avaient, plus que tout autre sentiment, fait contracter des mariages prématurés; des mariages dont les suites étaient révoltantes autant que nuisibles à la société, sous le double rapport de la morale et de la population, sources ordinaires de la richesse d'un Etat.

Des jeunes gens, sans expérience des affaires, sans connaissance d'aucun état, sans réflexion pour le nœud le plus sacré et qui exige le plus d'attention, préparaient à la République des familles désunies, des commerçans ineptes, des ouvriers ignorans, une génération faible et sans énergie.

Les cadres de nos armées n'étaient pas remplis il ne fallait plus, comme en 1793, y appeler toute *une génération* à la fois; mais, comme dans les anciennes Républiques, y assujétir chaque citoyen, et remplir même ainsi le vœu de notre Constitution.

Les lois des 19 fructidor et 2 vendémiaire assurèrent en même-tems les triomphes de nos armées, la victoire à notre courage, et arrêtèrent ces mariages que la philosophie regardait comme désastreux pour la société. Faut-il que cette loi ait encore obligé le Gouvernement à déployer une sévérité qu'il aurait voulu éviter, et dans une contrée qu'il cherchait à rattacher de plus en plus à sa nouvelle patrie ! Qu'ils furent criminels ces hommes qui égarèrent nos frères de la Belgique ! Que de sang ils eussent épargné si, au lieu des fureurs de la discorde qu'ils vomissaient, ils eussent fait entendre la voix consolante de la fraternité, qui les eût invités à se réunir contre l'ennemi commun !

Au fond de l'Italie le roi de Naples ourdissait la perfidie la plus noire contre une Nation qui, dès 1792, lui avait généreusement conservé son existence et oublié ses injures : sous les dehors de la paix il méditait une guerre astucieuse, qui ne tendait qu'à la destruction des Français et de la liberté, que leur courage avait propagée dans ces belles contrées ; mais le perfide est toujours lâche , et le général que l'Allemagne entière regardait comme le plus consommé, est obligé , après une puérile et orgueilleuse rodomontade, de fuir avec une armée de 80 mille hommes, devant 15 mille Français. Rien n'arrête leurs efforts ; Capoue est bientôt leur quartier général ; Mack , honteux , fuit encore : rentré dans Naples , il est l'auteur, bientôt la victime d'une émeute qui le force à chercher un asyle dans le camp ennemi....., ennemi que trente jours avant il avait bravé...... Naples n'a plus de roi, et déjà le drapeau tricolor s'allie aux couleurs de la liberté napolitaine, qui sourit à ce nouveau triomphe. A Turin, quelques jours auparavant, le roi, qui avait osé prêter des secours à celui des deux Siciles, transige honteusement de sa couronne et va porter son sceptre à demi-brisé , dans une isle , qui à peine veut reconnaître son autorité.

L'empereur

L'Empereur se démasque ; il appelle ou il souffre des armées étrangères, qui marchent contre le peuple français ; et foulant aux pieds lui-même le traité de Campo-Formio, il force le Gouvernement à maintenir son traité par la force des armes, en ne cessant cependant de lui présenter l'olivier de la paix, et d'être fidèle à la loi sacrée de l'honneur français, et du respect dû à la foi des traités........ Déjà nos armées sont triomphantes et bientôt Vienne... ; mais n'anticipons pas sur l'avenir.

L'espérance des Républicains ne sera pas trompée... ; les travaux du Gouvernement, le zèle du Corps législatif, l'union des Français leur assurent la victoire et la paix. Que ne puis-je en fixer l'époque, et à la fin de ma mission, pour vous annoncer qu'enfin nous l'avons obtenue ! Mais j'ai au moins la confiance que les vœux les plus sincères du Corps législatif, les miens, ont été accompagnés des preuves les plus complètes de nos desirs.

Pour parvenir à ce but, il fallait mettre le Gouvernement à même de pourvoir à toutes les dépenses, et choisir les sources qui pouvaient subvenir à tous les besoins...

F

Avec quelle circonspection les Conseils se sont-ils occupés des contributions ? Il fallait soulager les propriétaires et le peuple ; il fallait faire contribuer le luxe et l'aisance, ménager l'ouvrier et l'artisan ; enfin les fonds ont été faits sans que leur perception fût une nouvelle surcharge.

Aussi quelle différence de cette partie de l'administration publique, si on la compare avec sa position lors de l'établissement de la Constitution ? en reportant ses yeux en arrière, combien est immense la distance qui les sépare ?

A un chaos affreux a succédé l'ordre ; aux ténèbres la lumière ; aux déprédations une économie aussi sage que le permet l'état de guerre dans lequel se trouve la France ; à une dissipation scandaleuse dans toutes les branches de la finance, une sévère distribution ; le trésor national reçoit et épanche enfin des valeurs réelles, périodiques et constantes, et commence à répandre l'acti-vité dans toutes les classes. Cependant, au lieu d'accroître les contributions foncières et directes, le Corps législatif les a plus mûre-ment distribuées.

Vous en éprouvez les heureux effets, Citoyens du Département dé l'Aube : vos Représentans n'auront pas à se reprocher l'inertie ou l'insouciance pour ce qui touchait de si près au bonheur de leurs départemens.

La contribution foncière de celui de l'Aube, était, lorsque nous arrivâmes, fixée à 2,711,600 fr. Cette somme était exorbitante, relativement aux richesses agricoles. La députation n'eut pas de peine à le démontrer, le tableau des localités à la main, et alors, toujours facile à éclairer comme disposé à être juste, le Conseil accorda un premier dégrèvement de 542,300 fr. qui réduisit dès-lors le contingent à 2,169,300 fr., en sorte que ce dégrèvement fut déjà porté à 4 s. pour livre du principal.

Cette modération ne mettait cependant pas encore ce département au niveau des autres; la juste et stricte égalité n'était pas observée.

Dans un nouveau travail général pour l'an 7, nous avons redoublé d'efforts, et nous avons demandé justice et proportion; nous l'avons obtenue; le Corps législatif réduisit encore la contribution foncière, pour la présente année, à 1,830,000 fr.

Ainsi, depuis l'an 4, le département de l'Aube fut degrevé de près d'un tiers de cet impôt, c'est-à-dire de 908,600 fr.

Si ce juste dégrèvement a pu vous être accordé, Citoyens, en temps de guerre, n'avez-vous pas droit d'espérer que la paix qui tient spécialement à la campagne qui s'ouvre, permettra bientôt au Corps législatif de diminuer la quotité du contingent actuel, en diminuant pour toute la République, celui de l'impôt foncier ?

Ne voyez-vous pas avec une égale satisfaction, une police plus active pour la répression du crime et du brigandage ? la sûreté intérieure plus entière, grâce à l'œil vigilant du Gouvernement qui nous dirige ? plus de ces conspirations, de ces complots qui donnent des secousses et compromettent sa solidité.... ?

Les bornes de nos frontières sont reculées, nos voisins réduits à l'impuissance de nous nuire, ou devenus nos alliés par l'identité de système et de gouvernement. Nos guerriers ne sont plus signalés que par des victoires, et la discipline qui les assure ; ils ont arboré partout le drapeau tricolor, et ils ont porté partout la liberté....

L'administration générale n'éprouve plus de ces entraves que le génie révolutionnaire y avait apportés ; la sagesse préside aux délibérations ; les magistrats toujours à côté du peuple, appliquent les loix salutaires de la Constitution partout où elles sont nécessaires, et entretiennent une heureuse harmonie entre les administrés et les premières autorités.

La justice distribue également partout, et à l'ombre des lois et à l'abri de la sublime institution des jurys, la peine légale, au crime ; comme elle rassure le prévenu qui serait innocent. Ses formes ne sont plus déchirantes ; elles ne sont redoutables qu'au scélérat qui a encore quelques remords.

Nos colonies n'offraient que les spectacles de deuil, de sang et de mort... Aujourd'hui les canaux du commerce commencent à se vivifier ; le travail appelle à la culture les Colons qui respirent, et l'espérance leur rend le courage et annonce les jouissances de ces riches contrées.

Les sciences et les arts sont protégés, et chaque jour elles font de nouveaux pas dans la carrière qui leur est ouverte. L'agriculture reçoit des encouragemens ; des récompenses viennent d'être promises aux cultivateurs industrieux et actifs. Un appel public et solemnel a été fait aux artistes, pour embellir cette grande commune, la ville de tous les Français. Des Musées où le marbre et la toile respirent, y fixent l'admiration générale, jusqu'à ce que les étrangers viennent disputer avec nous cette rivalité si heureuse pour l'aggrandissement des sciences. Nos vastes bibliothèques présentent les dépôts littéraires les plus riches. Le jardin des plantes offre la collection la plus précieuse et la plus curieuse pour les savans.

Les secours de la gratitude nationale sont distribués à ces savans que l'infortune a surpris dans la vieillesse et les infirmités (1).

Les hospices sont redevenus l'asyle de l'humanité souffrante qui ne craint plus d'y rencontrer une mort plus prompte et plus assurée.... Les officiers de santé les plus instruits y sont appelés et les dirigent, tandis que des citoyens bienfaisans et désintéressés les administrent.

Des secours à domicile sont distribués,

____

(1) Mazéas, Mercier (ci-devant abbé), etc. etc.

et puissent-ils un jour faire disparaître la
la mendicité, la lèpre d'un État !

L'instruction fait par-tout des progrès
rapides et promet d'amener à sa suite une
génération de citoyens instruits de leurs
droits et encore plus de leurs devoirs. La
morale publique s'épure ; la probité, la
franchise, la tolérance universelle feront
oublier les crimes qui ont couvert la surface de la France.

Telle est, mes Concitoyens, la situation
actuelle de notre République.... Elle ne
peut que s'améliorer encore ; et le bien
et les avantages que nous a procurés la
Constitution de l'an 3 nous sont un sûr
garant de ceux dont elle nous fera jouir.
C'est cette Constitution qui m'a appelé au
sein du Corps législatif ; c'est par elle et
avec lui que j'ai coopéré au bien dont
jouit ma patrie, dont jouit le paisible Département de l'Aube.

La Constitution m'a rappelé au rang de
citoyen et je me replace au milieu de vous
avec plaisir, confiance, et avec sérénité,
sans crainte comme sans remords. Si mes
moyens, si l'expérience que j'ai acquise
et les lumières que j'ai puisées dans le

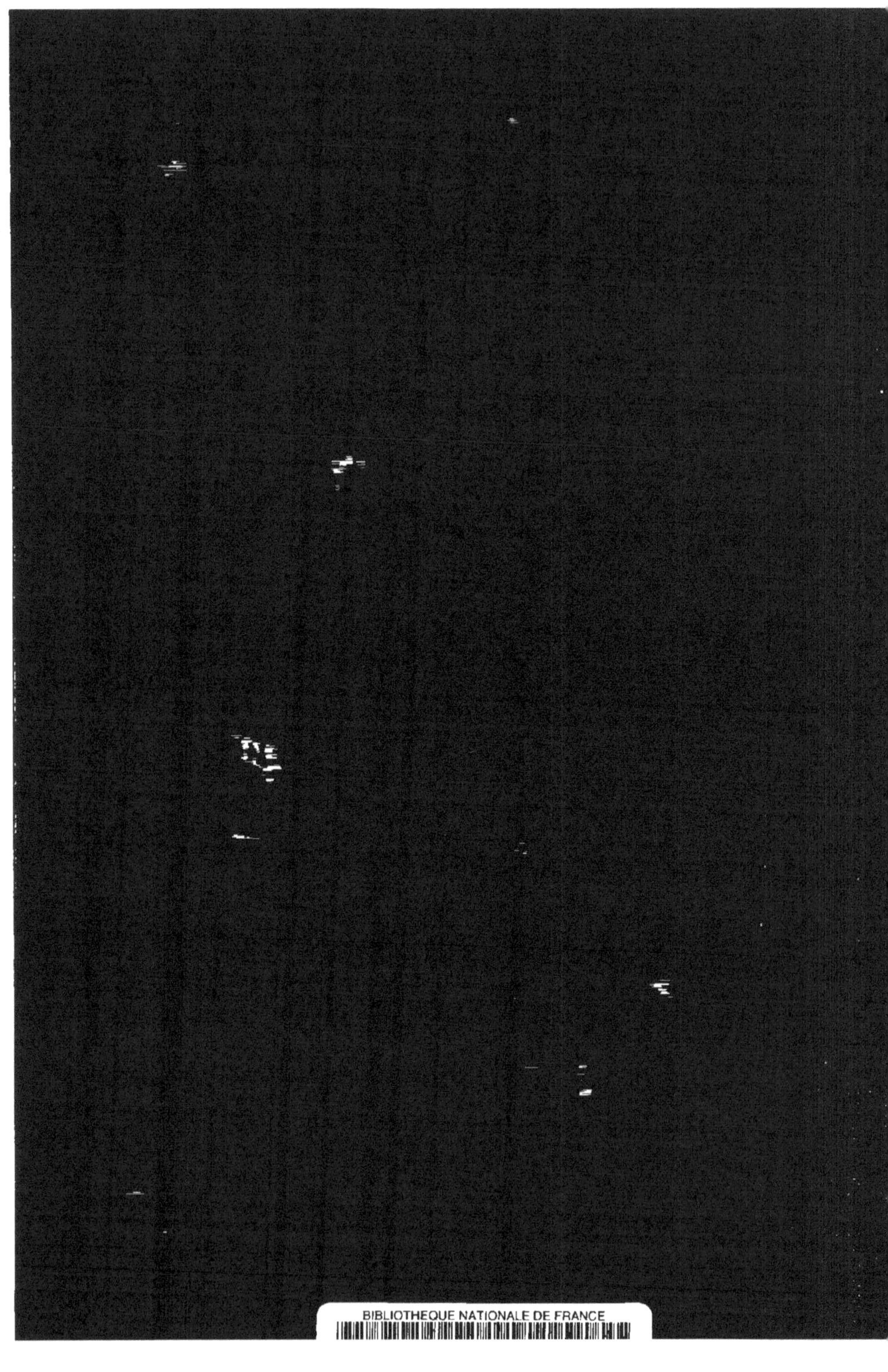